Wolfgang Schnepper

Fußballtraining: Torschussübungen für Anfänger bis zum Profi

Wolfgang Schnepper, Jahrgang 1964, Diplomsportlehrer,
Ex-Bezirksligaspieler im Fußball,
Fußballabitur mit der Note "sehr gut"
1988-89 in der deutschen Triathlonspitze,
1990 Bayerischer Meister im Body-Building,
1998 Konditionstrainer im bezahlten Fußball
2003 - 2006 Sportlehrer an einer Gesamtschule

Bibliografische Informationen der Deutschen
Nationalbibliothek: Die Deutsche Nationalbibliothek
verzeichnet diese Publikation in der Deutschen
Nationalbibliografie; detaillierte bibliografische Daten sind
im Internet über http://dnb.d-nb.de abrufbar.

© 2021 Wolfang Schnepper
Herstellung und Verlag: BoD – Books on Demand,
Norderstedt
Satz und Layout: Wolfgang Schnepper

ISBN   978-3-7543-0897-4

Inhalt

Vorwort

In diesem Buch werden ausschließlich Torschussübungen vorgestellt. Diese sind in die Kategorien von 1 bis 3 unterteilt.

Die Kategorie 1 besteht aus Torschussübungen, die schon ab der F-Jugend und aufwärts trainiert werden können, Kategorie 2 ab der C-Jugend und aufwärts, und die Kategorie 3 ab der A-Jugend und für den gesamten Seniorenfußball.

Einige Torschussübungen für die oberen Amateurklassen und den Profibereich werden hier ebenfalls eingefügt.

Ein Torschusstraining wird natürlich immer erst im Hauptteil des Trainings eingesetzt. Die Spielerinnen oder Spieler sind jetzt optimal aufgewärmt und vollkommen leistungsbereit. In dieser Phase können die Fußballer die Technik am besten lernen, aufnehmen und umsetzen.

Wegen der hohen Verletzungsgefahr sollte ein Torschusstraining niemals unaufgewärmt, in einem ermüdeten Zustand oder bei Minustemperaturen absolviert werden.

Kategorie 1, 2 und 3

Torschussübungen Kategorie 1, 2 und 3
(Übungen der Kategorie 2 und 3 werden extra erwähnt)

Dribbling mit Torabschluss

Je nach Spieleranzahl werden ein bis zwei 35 x 20 m große Felder errichtet (siehe untere Abbildung). Jedes Feld mit zwei besetzten Jugend- oder Seniorentoren bestückt.

An der rechten Torauslinie beider Tore stehen mehrere Fußballer mit jeweils einem Ball hintereinander. Das jeweils erste Spieler oder Spielerin dribbelt auf das gegenüberliegende Tor zu und schießt aus einer Entfernung von 14 bis 20 Metern auf das Tor. Die Entfernung ist vom Alter und der Schusskraft abhängig. Danach holen die Schützen ihren Ball zurück und stellen sich auf der anderen Seite wieder an.

Nach einigen Minuten wird aus dieser Übung ein Wettkampf erklärt:

Wer erzielt zuerst drei Tore?

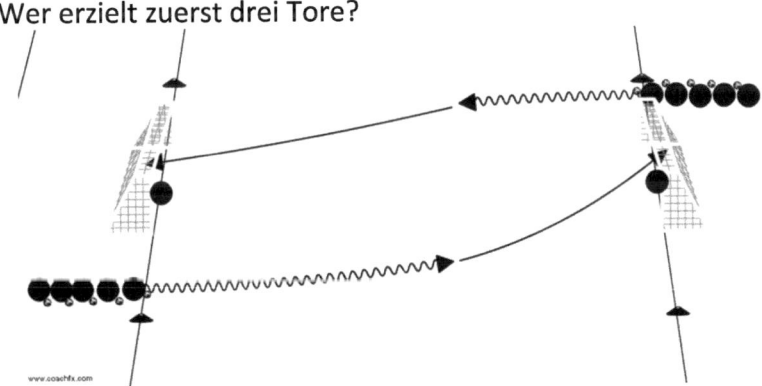

# Kategorie 1, 2 und 3

Variationen:

- Von der einen Seite darf nur mit dem rechten Fuß geschossen werden, von der anderen nur mit dem linken Fuß.

- Die Schützen sollen vor dem Torschuss angeben, wohin sie schießen wollen.

- Wer trifft gezielt Latte oder Pfosten?

Kategorie 1, 2 und 3

Diverse Torschussübungen

Bei der folgenden Übung werden zwei besetzteTore, zwei Koordinationsleitern oder viele Stäbe (lange Bänder gehen auch) benötigt (siehe folgende Abbildung).

20 – 40 Meter (je nach Alter und Schusskraft) vor jedem Tor stehen die Fußballer hintereinander in einer Reihe. Die ersten Spieler jeder Gruppe laufen an, nach einigen Metern müssen sie kleine Trippelschritte, möglichst schnell, durch die Koordinationsleiter (bzw. Bänder, Stangen) absolvieren. Nach dem Trippeln werden sie von einem Anspieler mit einem Ball bedient, und schießen aus etwa 10 – 20 Metern auf das Tor. Die Torentfernung richtet sich natürlich nach der vorhandenen Schusskraft und dem Alter.

Nach dem Schuss läuft der nächste Spieler an, und der Schütze bringt den Ball zum Anspieler zurück.

Variation: Vor der Koordinationsleiter werden noch mehrere Markierungshütchen hintereinander, und in einem Abstand von etwa einem Meter aufgebaut. Diese sollen vor der Koordinationsleiter mit höchster Geschwindigkeit in Slalomform durchlaufen werden.

Zusätzliche Variationen:

- Die Übung wird in Wettkampfform gespielt. Welche Mannschaft erzielt zuerst 10 Tore?

- Es darf nur mit dem linken Fuß geschossen werden.

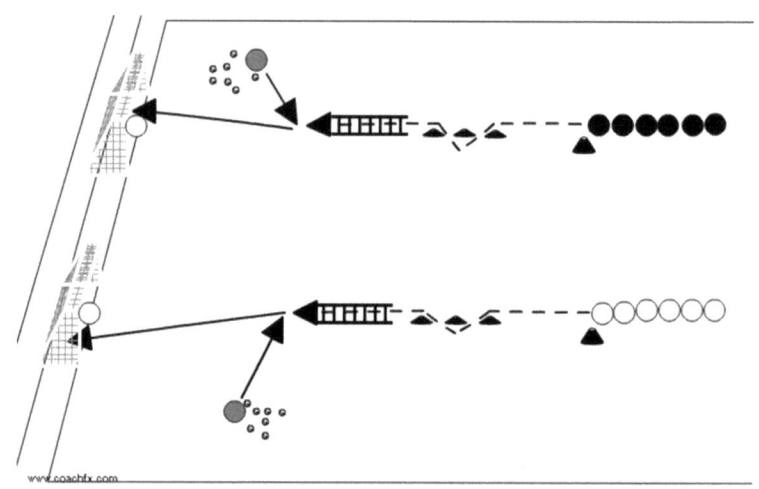

Variation Kategorie 2

- Der Ball wird aus kurzer Entfernung halbhoch zugeworfen, und soll dann volley direkt auf das Tor geschossen werden.

Kategorie 1, 2 und 3

Schusstraining unter Bedrängnis

Die Spieler stehen etwa 30 bis 40 Meter (altersabhängig) vor dem Tor (mit Torwart) in zwei Gruppen hintereinander und 2 – 3 Meter auseinander. Dazwischen steht der Trainer oder die Trainerin mit vielen Bällen und schießt einen Ball möglichst gerade Richtung Tor mit entsprechender Stärke. Die beiden ersten Fußballer jeder Gruppe kämpfen nun um den Ball und sollen schnell den Torabschluss suchen. Danach bringen sie den Ball zum Trainer zurück und stellen sich hinten wieder an. Die Übungsdauer wird auf 5 – 6 Minuten (gilt auch für die folgenden Übungen) begrenzt und muss in schneller Abfolge durchgeführt werden. Bei sehr vielen Spielern wird ein zweites Tor mit Torwart eingesetzt.

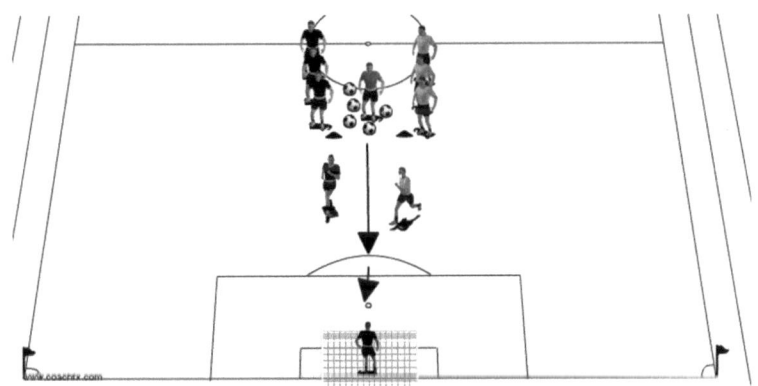

Variation Kategorie 2

- Der Ball wird bei dieser Übung relativ hoch und gerade nach vorn geworfen.

11

Kategorie 1, 2 und 3

- Zwei Hütchen werden versetzt etwa 30 bis 50 Meter vor dem Tor aufgestellt (wiederum altersabhängig) und wieder zwei Gruppen gebildet. Auf ein Trainerkommando starten die ersten Spieler jeder Gruppe. Der weiße Spieler mit Ball sucht den Torabschluss, der Schwarze versucht, ihn daran zu hindern oder sogar selbst abzuschließen.

Variation Kategorie 2

- Der Spieler mit Ball muss den Torwart ausspielen, und der Torwart soll natürlich auf den Spieler zugehen oder zulaufen.

Kategorie 1, 2 und 3

- Hier stellen wir eine interessante Übung zur Schulung des Innenspannstoßes vor, die bereits ab der F-Jugend trainiert werden kann.

Bei dieser Übung laufen die Fußballer parallel zur Toraußenlinie seitlich zum Tor an. Die Entfernung muss dem Alter und dem Leistungsstand entsprechend angepasst sein (Entfernung zum Tor etwa 10 – 20 Meter). Eine Gruppe läuft von links an und schließt dementsprechend mit dem rechten Fuß ab, die andere Gruppe von rechts und schließt mit dem linken Fuß ab. Die beiden Gruppen wechseln sich ab und tauschen nach einiger Zeit auch komplett die Seiten (beim Abschluss mit links kann die Torentfernung auch weniger als 10 Meter   betragen, wegen der mangelnden Schusskraft für die meisten im linken Fuß). Es darf nur mit dem Innenspann abgeschlossen werden. Der Trainer oder die Trainerin markiert mit kleinen Pylonen die Torschusshöhe (sehr zentral vor dem Tor).

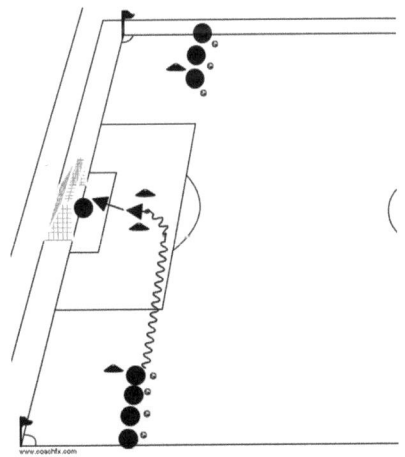

Kategorie 1, 2 und 3

Variation Kategorie 2

- Ein fester Abwehrspieler (Austausch nach 5 bis 10 Tor-
schüssen oder Torschussversuchen) stört die Angreifer beim
Torschussversuch. Ein Angreifer dribbelt seitlich wie gehabt
auf des Zentrum zu. Der Abwehrspieler befindet sich in der
Startposition zentral auf der Strafraumlinie, und läuft dem
Angreifer entgegen. Ist der Angriff vereitelt oder abgeschlossen, kehrt der Verteidiger in seine zentrale Position zurück.
Nun startet ein Angreifer von der anderen Seite.
Bei mehr als insgesamt 11 bis 12 Fußballern insgesamt empfiehlt es sich diese Übung an zwei Stationen gleichzeitig zu
trainieren.
Der Abwehrspieler kann auch zunächst die Aufgabe bekom-
men, dass er die ersten Durchgänge nur "teilaktiv" agiert.

14

Leichte Torschussübung

20 bis 40 Meter vor einem Tor werden drei Gruppen gebildet. Die Spieler jeder Gruppe stehen hintereinander. Jeder Spieler ist in Ballbesitz. 10 bis 20 Meter vor dem Tor, je nach Schusskraft, wird eine Schusslinie eingerichtet. Der Trainer/in benennt die Gruppen mit 1,2 und 3. Nun wird eine Gruppe aufgerufen. Der erste Spieler dieser Gruppe dribbelt in Richtung Tor, und schließt spätestens an der Schusslinie ab. Kurz vor dem Torschuss ruft der Trainer oder die Trainerin die nächste Gruppe auf, und der betroffene Spieler startet sofort zum Torschuss usw..Nach jedem Torschuss müssen sich die Schützen einer anderen Gruppe anstellen.

Variationen

- Der Ball wird in der Hand getragen, und mittels eines Volleyschusses (Vollspann) auf das Tor „geknallt".

- Es muss mit dem schwächeren Bein geschossen werden.

Flanken aus einer Spielkombination / Kategorie 2

Übungsaufbau: 4 Hütchen, wie in der Grafik, aufstellen. An allen Hütchen, außer dem an der Außenlinie, gleichgroße Gruppen bilden. Die Spieler in der Höhe des Mittelkreises erhalten alle jeweils einen Ball.

Übungsablauf: Auf ein Trainerkommando dribbelt der erste Spieler mit Ball in Richtung seines MItspielers und passt diesen an. Der Mitspieler läuft dem Ball entgegen und lässt das Anspiel abklatschen. Der erste Spieler passt den Ball direkt weiter auf seinen Außenstürmer, der auch beim Trainerkommando gestartet ist. Er nimmt den Ball an, dribbelt weiter bis zum Hütchen, und flankt auf seine beiden Mitspieler, die in den Strafraum gesprintet sind.

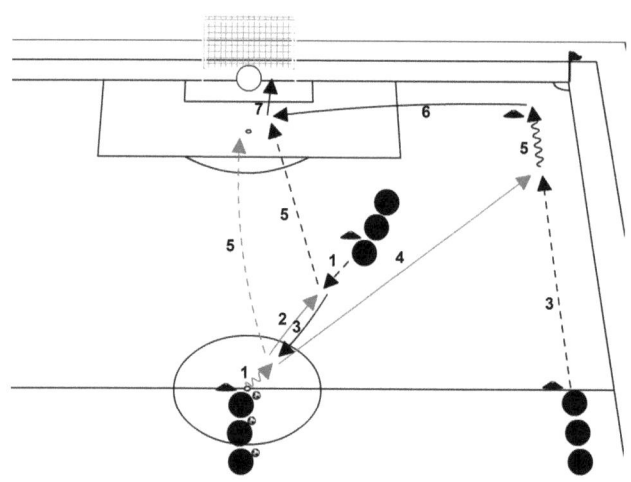

Flanken aus einer Spielkombination / Kategorie 3

Übungsaufbau: Gleicher Aufbau wie in der vorhergehenden Übung (Bild noch einmal unten aufgeführt)

Übungsablauf: Auf ein Trainerkommando dribbelt der erste Spieler mit Ball in Richtung seines MItspielers und passt diesen an. Der Mitspieler läuft dem Ball entgegen und lässt das Anspiel abklatschen. Der erste Spieler passt den Ball direkt weiter auf seinen Außenstürmer, der auch beim Trainerkommando gestartet ist. Er nimmt den Ball an, dribbelt weiter bis zum Hütchen, und flankt auf seine beiden Mitspieler, die in den Strafraum gesprintet sind. Aber diesmal ist neben dem Torwart ein weiterer Abwehrspieler, der mit

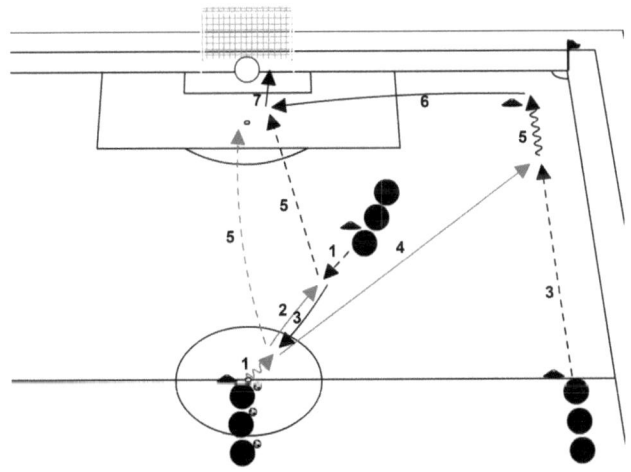

vollem Einsatz versucht, den Torabschluss zu verhindern.

Weitere Variationen dieser Übung der Kategorie 3

- Diesmal befinden sich sogar zwei Abwehrspieler im Strafraum.

- Ein dritter Abwehrspieler im Strafraum wird eingesetzt, der in Richtung des Flankengebers läuft, und versucht diesen an der Flanke zu hindern.
Der Flankengeber darf nun auch den Gegenspieler ausspielen und selbst den Torabschluss suchen.
Diese Übungsreihe können Trainer oder Trainerinnen 10 bis 15 Minuten einsetzen. Hier ist praktisch die ganze Mannschaft sinnvoll beschäftigt. Ist ein Angriff abgebrochen, werden sofort die nächsten drei Stürmer aktiv.
Die ganze Übung kann und sollte auch über die andere Seite trainiert werden.

Kategorie 1, 2 und 3

Angriff 2 gegen 1 mit Torabschluss

25 bis 40 Meter vor dem Tor stehen mehrere Spieler hintereinander (Entfernung abhängig von Alter und Schussstärke). Jeder hat einen Ball. 15 bis 20 Meter vor dem besetzten Tor stehen ein Verteidiger und ein Stürmer zentral. Der erste Passgeber spielt den Stürmer an. Nach dem Anspiel darf der Verteidiger aktiv werden, und soll den Angriff stoppen. Passgeber und Stürmer sollen nun „irgendwie" zum Torerfolg kommen. Das kann durch Zusammenspiel oder ein Solo erfolgen. Nach dem Torabschluss oder „Klären" durch den Verteidiger erfolgt der nächste Angriff mit einem weiteren Passgeber. Allerdings wird gewartet, bis Verteidiger und Stürmer sich wieder in der Grundposition befinden. Alle drei Angriffe werden Torwart, Abwehrspieler und Stürmer ausgetauscht (siehe Abbildung auf der nächsten Seite).

Variationen der Kategorie 2 und 3

- Die Übungsform wird mit zwei Verteidigern und zwei Stürmern ausgeweitet (Kategorie 2).

- Die Übungsform wird mit drei Verteidigern, zwei Stürmern und zwei Außenstürmern ausgedehnt. Nach dem zentralen Pass werden hierbei Passgeber und Außenstürmer aktiv. Die Außenstürmer starten hierbei von links und rechts auf der Höhe des Passgebers (Kategorie 3).

www.coachfix.com

Kategorie 1, 2 und 3

Pass, Ballannahme und Torschuss unter Bedrängnis

20 bis 40 Meter vor dem besetzten Tor wird jeweils eine Pylone rechts und links aufgestellt (abhängig von Alter und Schusskraft). Diese sind etwa 20 Meter voneinander entfernt. Neben jedem Markierungshütchen stehen mehrere Spieler hintereinander. Die auf der linken Seite sind in Ballbesitz. In der Mitte werden zwei Pylonen mit einem Abstand von einem Meter hingestellt, aber einen Meter gegenüber den Starthütchen nach hinten versetzt   (siehe Abbildung).

Der erste Passgeber spielt zum ersten Spieler der anderen Gruppe. Dieser nimmt den Ball an, und läuft Richtung Tor. 10 bis 20 Meter vor dem Tor(je nach Schusskraft) soll mit einem Torschuss abgeschlossen werden. Ganz so leicht wird es aber für den Schützen nicht. Der Passgeber wird nämlich sofort zu seinem Gegenspieler.

Denn nach dem Pass muss er sofort das Hütchentor durchlaufen, läuft dann dem anderen Spieler hinterher, und soll ihn aktiv am Torschuss hindern. Danach ist natürlich die nächste Gruppe an der Reihe. Nach jedem Durchgang werden selbstverständlich die Aufgaben und Positionen gewechselt. Die Torwartposition gehört ebenfalls dazu (siehe Bild auf der nächsten Seite).

Variationen

- Es muss mit dem linken Fuß abgeschlossen werden.
- Die Spieler auf der rechten Seite werden zum Passgeber.
- Bis zum Torabschluss darf der Ball nur dreimal berührt werden (diese Vorgabe ist nur bei der E-Jugend sinnvoll).

21

Kategorie 1, 2 und 3

Mehrere Dribbelübungen in Wettkampfform oder mit Torschuss

Zwei Gruppen werden gebildet. Die Spieler stehen jeweils hintereinander etwa 20 bis 40 Meter vor einem Tor, dass mit einem Torwart besetzt ist. Jeder Spieler ist in Ballbesitz. Fast direkt vor dem „Startdribbler" stehen jeweils vier Pylonen in einer Reihe hintereinander. Die Spieler in der einen Gruppe müssen mit rechts, die in der anderen mit links schießen. Der Abstand der Markierungshütchen beträgt etwa einen Meter. Die Gruppen sind etwa fünf Meter voneinander entfernt (siehe hierzu auch die untere Abbildung).

Ablauf: Nach einem Trainerkommando läuft ein „Startdribbler" los und führt den Ball Slalom durch die Pylonen,

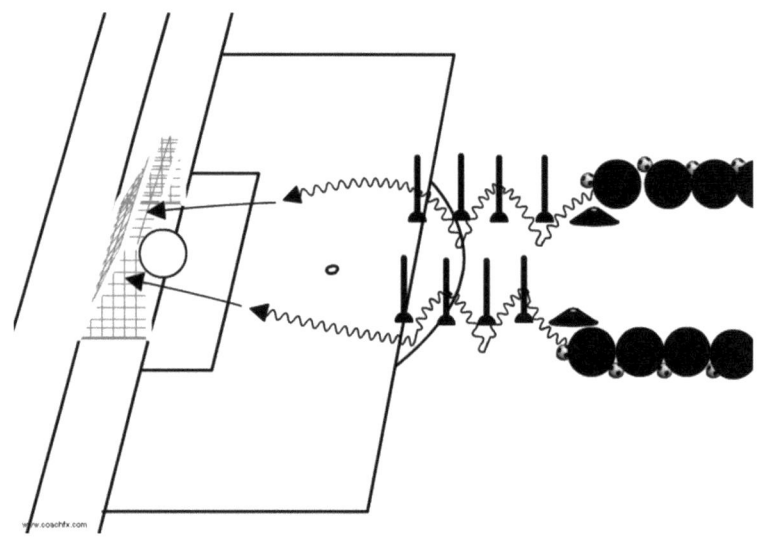

22

Kategorie 1, 2 und 3

und schließt die Aktion mit einem Schuss aus altersgerechter Entfernung ab. Es startet natürlich immer nur ein Schütze. Nach einem Torschuss muss sich dieser der anderen Reihe anschließen.

Kategorie 1, 2 und 3

Torschussübung mit zwei Toren gleichzeitig

Diese Übung macht vor allem jungen Fußballern einen Riesenspaß.

Es werden zwei Tore nebeneinander aufgebaut, beide Tore sind besetzt und fünf Meter voneinander entfernt. Vor den Toren wird ein Feld von 25 x 30 Metern bis 30 x 40 Metern (hier Breite mal Länge) abgesteckt. Die Verteidiger stehen hintereinander zwischen beiden Toren.

Die Angreifer stehen in der Mitte auf der anderen Seite, hintereinander mit jeweils einem Ball, und außerhalb des abgesteckten Feldes.

Ablauf: Der Trainer oder die Trainerin ruft den ersten Stürmer und den ersten Verteidiger auf. Der Stürmer dribbelt ins Feld, und soll auf eines der beiden Tore erolgreich abschließen. Der Verteidiger rennt ihm schnellstmöglich entgegen, und versucht ihn daran zu hindern. Der Stürmer darf den Verteidiger ausspielen oder direkt schießen. Danach wird das zweite Paar aufgerufen usw.

Die Positionen werden häufig gewechselt.

Variationen

- Die Übung wird nach gleichen Regeln gespielt, diesmal aber mit zwei Verteidigern und zwei Stürmern.

- Zwei Stürmer gegen drei Verteidiger oder umgekehrt usw.

- Es darf nur mit dem linken Fuß geschossen werden.

24

Kategorie 1, 2 und 3

- Zwei Spieler stehen etwa 40 Meter vor dem Tor und spielen sich den Ball in der Laufbewegung auf das Tor direkt zu. Je nach Schussstärke wird das Passen mit einem Schuss aus 15 – 20 Meter Entfernung abgeschlossen.

- Ein Spielfeld mit einem besetzten Tor und zwei Zonen wird aufgebaut. In der äußeren Zone spielen sich 5 – 8 Spieler direkt und möglichst schnell den Ball zu. Die Spieler sind dabei permanent in Bewegung. Auf ein Trainerkommando dribbelt der jetzige Ballbesitzer auf das Tor zu und schließt mit einem Torschuss aus etwa 10 bis 20 Metern (je nach Schussstärke und Alter) Metern ab. Die Spieler in der zweiten Zone werden sofort mit einem weiteren Ball „gefüttert" und das Spiel beginnt von vorne. Die Torschützen laufen mit ihrem Ball zurück, übergeben diesen dem Trainer und begeben sich wieder in die äußere Zone.

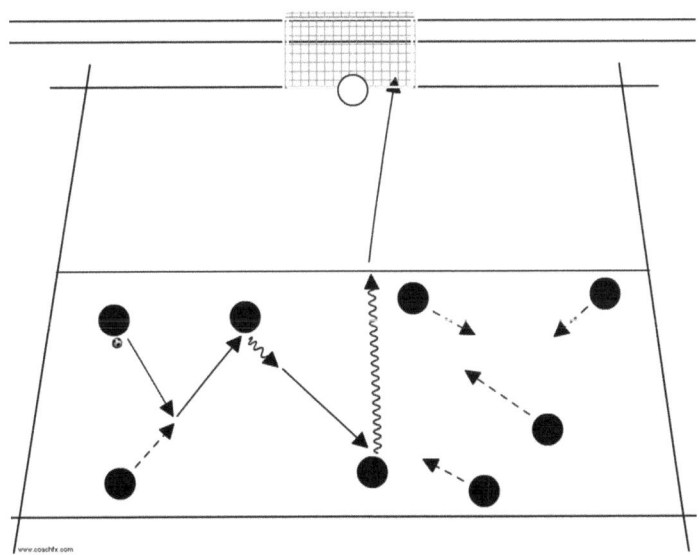

Kategorie 1, 2 und 3

Variationen (Kategorie 2)

- Diesmal erwartet den Torschützen zusätzlich noch ein Verteidiger, der das Tor verhindern will.

- Nun müssen der Spieler in Ballbesitz und der vorhergehende Passgeber gemeinsam den Torerfolg suchen, allerdings stehen sie nun dem Torwart und zwei Verteidigern gegenüber.

- Es wird mit Hürden, Stangen ein beliebiger Parcour aufgebaut, der den Leistungsstand der Spieler berücksichtigt. Ein Tor wird aufgebaut und mit einem Torhüter besetzt. Die Bälle sind bei dem Zuspieler und dem Werfer.

Der erste Fußballer ohne Ball springt über die Hürden, gefolgt von Skipping über die Stangen, ein Kopfball nach Zuwurf von unten mit einem nicht hart aufgepumpten Ball bei der F- und E-Jugend, ein Sprint Richtung Zuspieler, der den Spieler anspielt und mit einem Torschuss abschließt. Die Fußballer sollen danach den Ball zum Zuspieler zurückbringen und zum Startpunkt zurückgehen. Die Betonung liegt auf „gehen", damit eine Erholungsphase gegeben ist. Die Übung wird dreimal je Spieler wiederholt.

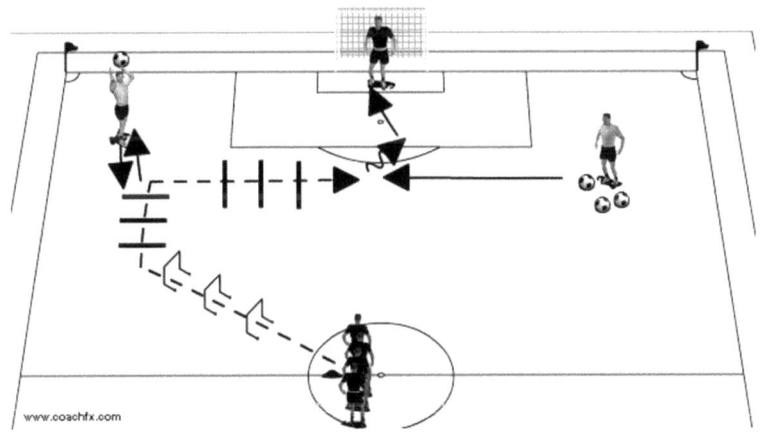

- Bei dieser Übung wird auf ein großes besetztes Tor und zwei Pylonentore gespielt (siehe folgende Zeichnung). Das große Tor wird von vier Feldspielern (weiß) verteidigt. Sechs Gegenspieler (schwarz) stürmen auf das besetzte Tor, müssen aber bei Ballverlust die „Hütchentore" schützen.

Der Abschluss auf das große Tor soll dabei so schnell wie möglich durch einen Distanzschuss erfolgen.

Nach einigen Minuten werden die Verteidiger ausgetauscht.

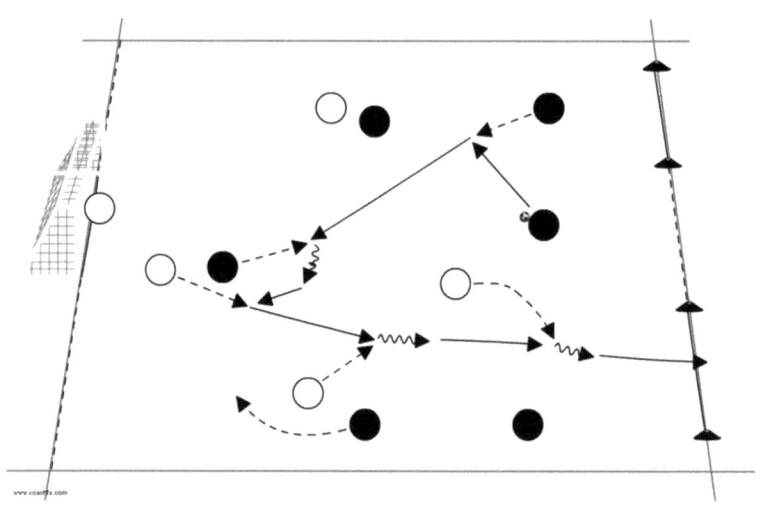

Variation (Kategorie 2

Nach dieser Übung wird die ganze Situation „verschärft". Jetzt wird die Angreiferzahl auf sieben erhöht. Es darf aber nur mit maximal drei Ballkontakten agiert werden.

28

- Die folgende beschriebene Übung dient zur Förderung der schnellen Torschussabgabe, Grundschnelligkeit und Konterqualität.

Sie wird nur mit 2 – 3 Durchgängen trainiert und bringt in Bezug auf Grundschnelligkeit nur einen Trainingseffekt bei vollkommen ausgeruhtem physischen Zustand.

Bei Ermüdung, Erschöpfung oder Übersäuerung des Körpers ist diese spezielle Übung für ein Schnelligkeitstraining sinnlos.

Weiterhin muss eine Pausenlänge von mindestens zwei Minuten eingehalten werden.

Alleine schon wegen dieser Pausenlänge werden nur 2 – 3 Durchgänge absolviert, um unnötige Langeweile zu vermeiden.

Außerdem fördert die Übung die Fähigkeit, den Ball im vollen Lauf mitzunehmen und mit einem schnellen Torschuss abzuschließen (Konterfähigkeit). Zur Schulung nur dieser Fähigkeit, kann die Übung auch unter einer leichten Trainingsermüdung erfolgen.

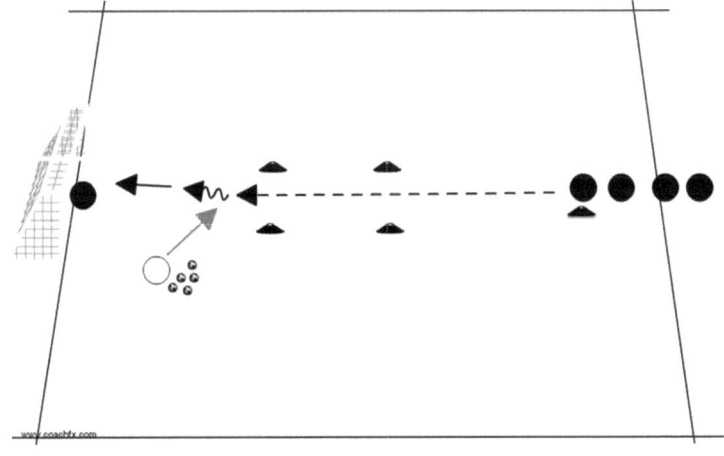

29

Übungsablauf: Die Fußballer stehen etwa 45 – 70 Meter zentral vor dem Tor mit Torwart hintereinander in einer Reihe (abhängig vom Alter) . Der Erste läuft an und beschleunigt submaximal (keine volle Beschleunigung), so dass er erst nach 20 bis 40 Metern die höchste Laufgeschwindigkeit erreicht (bei voller Beschleunigung erreichen Kinder die Höchstgeschwindigkeit schon nach 10 Metern, hervorragende Sprinter erst nach 30 Metern). Die 20 bis 40 Meter Anlauf sind mit einem Pylonenpaar (parallel mit zwei Meter Abstand) markiert. Hier erreicht der Läufer seine Höchstgeschwindigkeit und hält diese über 10 bis 30 Meter (abhängig vom Alter / ab der B-Jugend die vollen 30 Meter), dann durchläuft er ein zweites Hütchenpaar (gleich aufgestellt, etwa 10 bis 30 Meter vom ersten Hütchenpaar entfernt), reduziert die Geschwindigkeit etwas und bekommt vom Trainer den Ball in den Lauf gespielt. Der Fußballer soll nun den Ball mit dieser hohen Laufgeschwindigkeit verarbeiten, annehmen, kontrolliert vorlegen und mit einem wuchtigen Torschuss aus 10 – 15 Meter abschließen (je nach Schussstärke).

Nach diesem Torschuss startet der nächste Läufer, der Schütze befördert den geschossenen Ball wieder zum Trainer und stellt sich hinten in der Schlange wieder an.

Ist der Startläufer wieder an der Reihe, unterbricht der Trainer kurz und erklärt, welche Fehler gemacht wurden oder was noch besser gemacht werden kann (hier wird dann auch eine minimale Pausenlänge von zwei Minuten garantiert).

Kategorie 1, 2 und 3

Torschussübungen der höchsten Stufe innerhalb der Kategorie 3 (frühestens einsetzbar ab A-Jugend Bundesliga bzw. ab Oberliga Senioren

- Gespielt wird hier auf einer Platzhälfte, aber auf jeweils ein besetztes großes Tor. Eine Mannschaft hat allerdings sieben Feldspieler, die andere nur fünf Feldspieler.
Es wird ohne Abseits gespielt. Die Mannschaft mit den fünf Feldspielern darf Tore aus jeder Position erzielen. Die Mannschaft in Überzahl darf nur Tore aus einer Entfernung über 20 Meter schießen, Kopfbälle und Volleyschüsse sind aber auch für diese Mannschaft aus allen Distanzen erlaubt.
Für die Mannschaft, die insgesamt aus acht Spielern betseht, empfiehlt es sich Spieler mit einer hohen Schusstechnik und / oder großen Schusskraft einzusetzen. Diese Spielform kann auch durchaus als Abschlussspiel genutzt werden.

Variationen

- Die Mannschaft in Überzahl muss spätestens beim 10. Pass zum Abschluss kommen.

- Die Entfernung der Distanzschüsse wird auf 25 Meter erhöht.

- Die Mannschaft in Überzahl darf nur Tore aus Dropkick-, Volleyschüssen und Kopfbällen versuchen.

- Die Mannschaft, die in Überzahl spielt, hat jetzt nur einen Feldspieler mehr.

31

Kategorie 1, 2 und 3

- Die Mannschaft in Überzahl darf nur Tore aus einer Entfernung über 20 Meter versuchen.

- Gibt es einen Spieler mit einer enormen Schusskraft, darf dieser nur Tore aus über 30 Metern schießen, allerdings zählt dieses Tor dann dreifach.

- Gespielt wird jetzt 7 gegen 7 einschließlich Torwart. Tore aus über 20 Meter Entfernung, Volley- und Kopfballtore zählen dreifach.

- Ein Tor wird besetzt, der erste Spieler in der Reihe spielt nacheinander mit den festen Positionsspielern Doppelpass und schließt mit einem Torschuss aus 15 Metern ab.

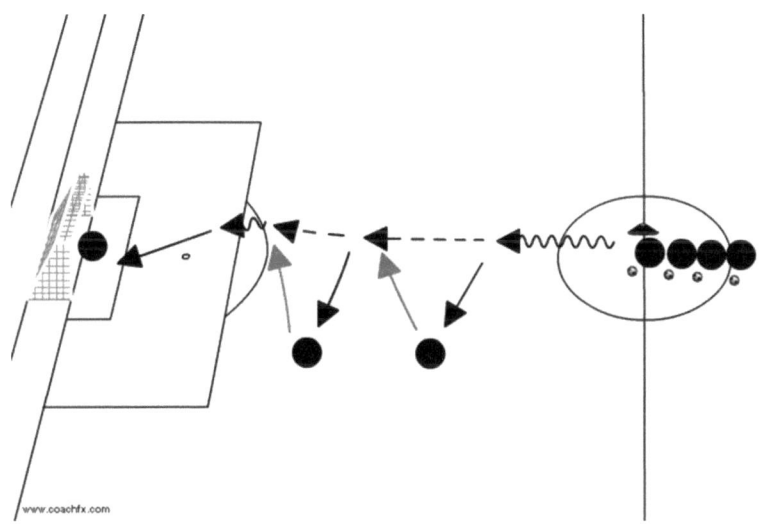

www.coachfx.com

33

Kategorie 1, 2 und 3

Elementarste Torschussübungen für das Konterspiel

- Die Spieler stehen 20 – 50 Meter hintereinander zentral vor einem besetzten Tor mit jeweils einem Ball. Nacheinander dribbeln sie nun mit höchster Geschwindigkeit auf das Tor zu und schließen mit einem Torschuss aus 10 – 20 Meter ab.
Alle Entfernungen sind abhängig von Alter und Schussstärke.

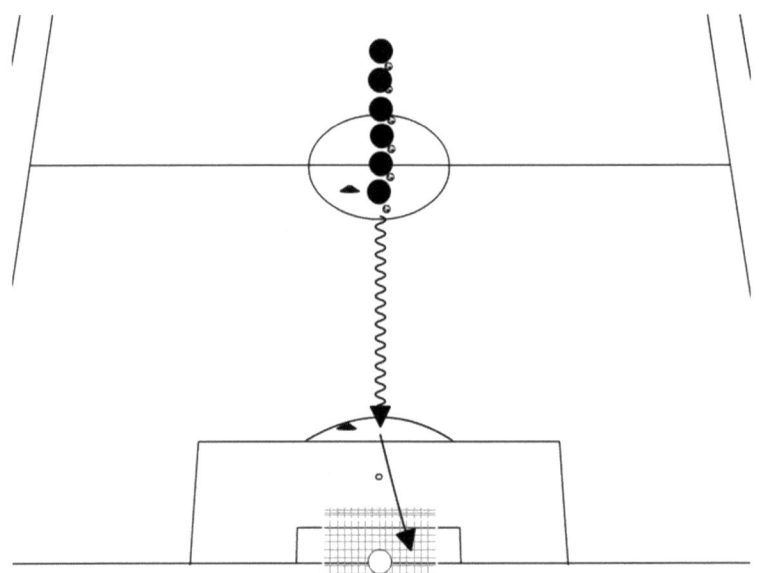

Kategorie 1, 2 und 3

Merke: Die einzelnen Entfernungen, die wir zu den Übungen angeben, beziehen sich ab jetzt immer auf den Seniorenbereich, und sind den jugendlichen Altersklassen entsprechend anzupassen.

- Hier erfolgt die gleiche Übung von der rechten und linken Seite. Die Fußballer laufen wieder mit höchster Geschwindigkeit auf das gegnerische Tor zu. Sie suchen aber mit dem diagonalen Laufweg zum Tor den kürzesten Weg.

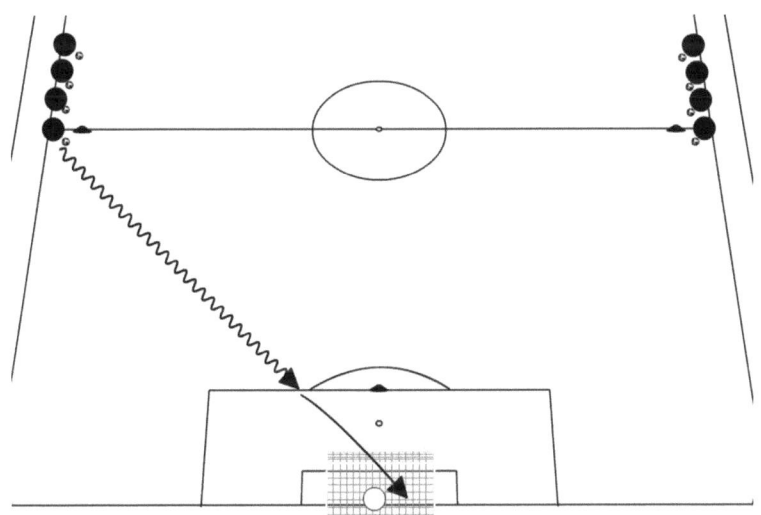

- Die gleichen Übungen werden durchgeführt, aber diesmal mit einem Gegenspieler, der etwa 30 Meter vor dem Tor steht. Dieser soll umspielt werden, wobei er zuerst nur „teilaktiv" einschreitet, im weiteren Verlauf der Übung aber wie in einem Wettspiel eingreift (natürlich ohne „Notbremse").

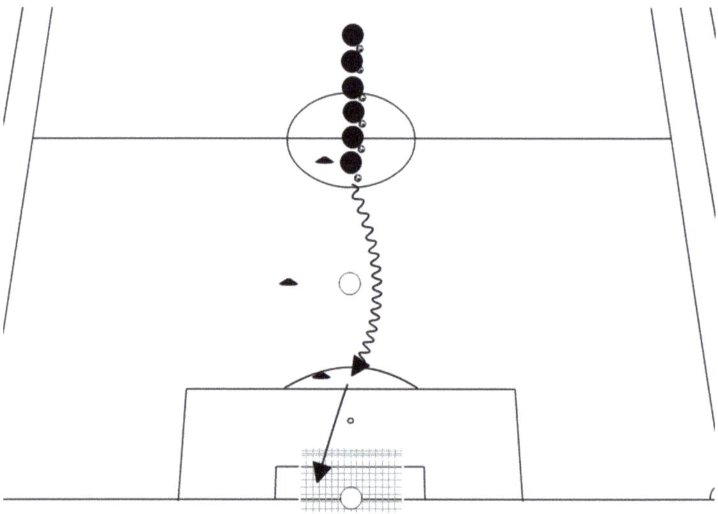

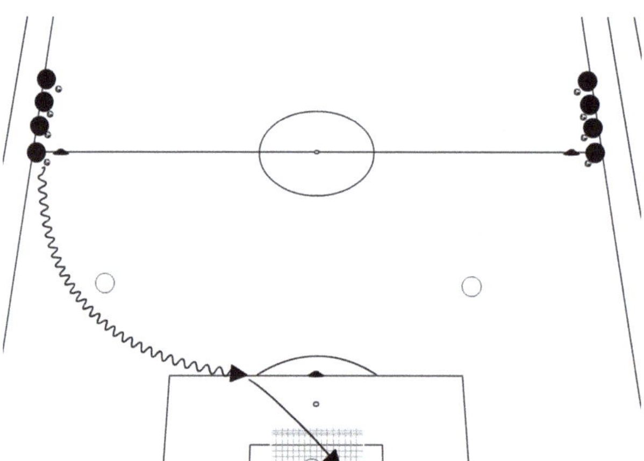

Ein Spieler startet 60 Meter zentral vor dem Tor zu einem Dribbling, kurz hinter der Mittellinie schlägt er einen Pass auf einen Mitspieler, der auf der linken oder rechten Außenbahn

zu einem Sprint startet.

Der Mitspieler ist dabei auf der gleichen Höhe oder etwas vor dem Passgeber. Das Abspiel erfolgt nach vorn in den Lauf des Mitspielers.

Hierbei wird darauf geachtet, das er den Ball vor der Torauslinie erreicht, gleichzeitig aber nicht vom Torwart abgefangen werden kann.

Der Pass wird je nach Aufgabenstellung hoch oder flach ge-spielt.

Nachdem der Spieler den Ball erlaufen und kurz kontrolliert hat, schlägt er die Flanke auf den mitgelaufenen Passgeber.

Der Torwart darf aktiv eingreifen. Er bekommt sogar die Auf-gabe, Bälle zu erlaufen, wenn die Pässe auf den Außenspieler zu weit geschlagen werden.

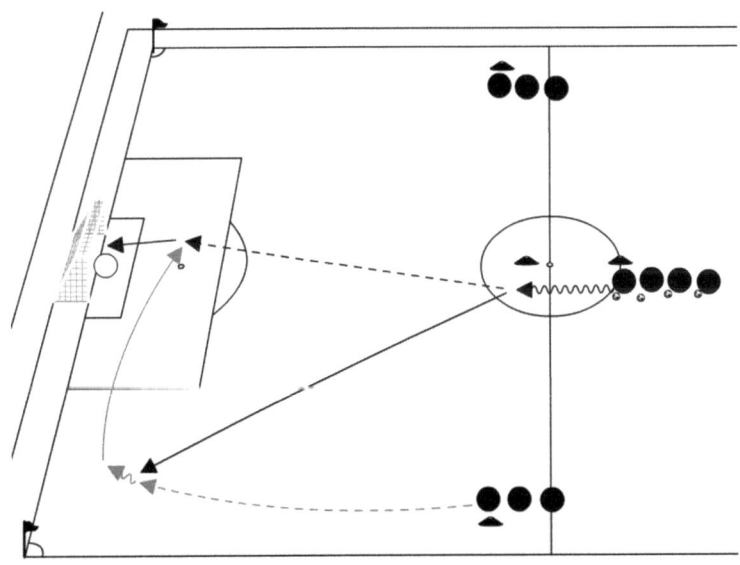

Kategorie 1, 2 und 3

Torschussübungen für das Konterspiel der Kategorie 2

Hier wird die gleiche Übung trainiert, nur muss diesmal der Pass über einen passiven Gegenspieler erfolgen. Dieser steht seitlich etwa 20 Meter vor dem Passgeber, natürlich auf der Seite des Außenstürmers.

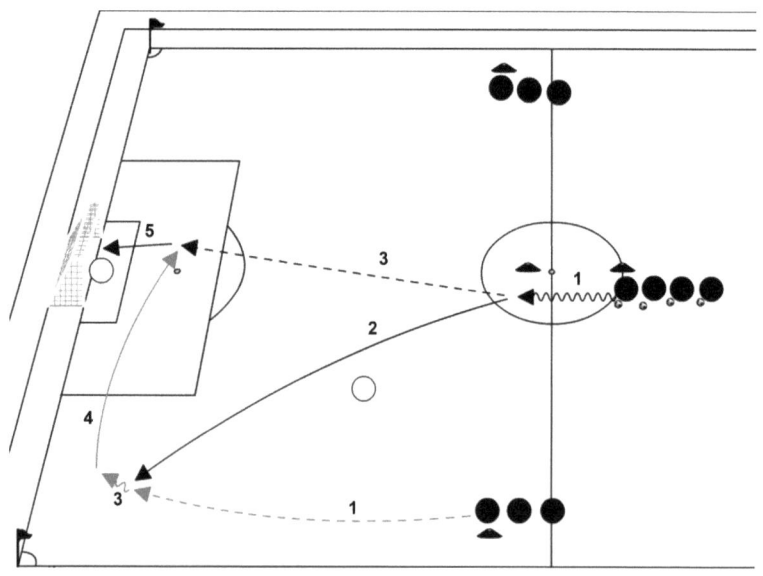

- Der Schwierigkeitsgrad der Übung wird weiter erhöht. Der Pass erfolgt wieder über den passiven Gegenspieler. Jetzt laufen aber der Passgeber und ein weiterer Mitspieler zentral auf das Tor zu. Hier werden sie aber nicht nur vom Torwart erwartet, sondern auch von einem Verteidiger.

38

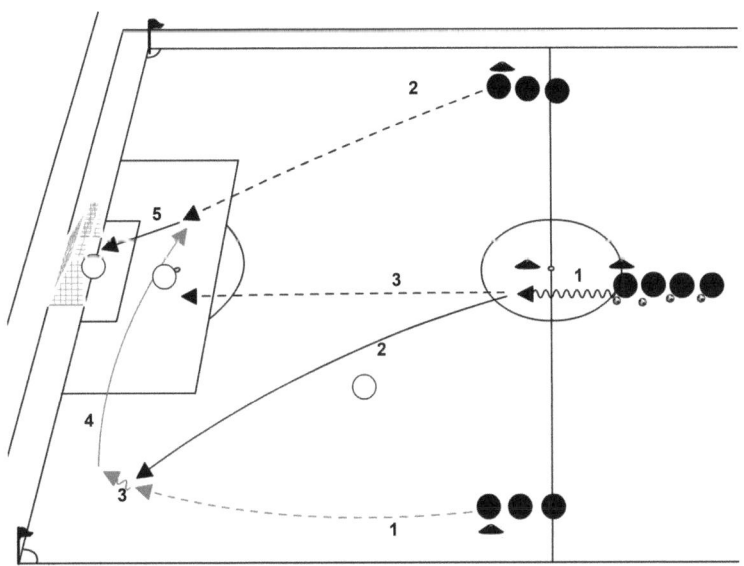

- Die Übung wird noch einmal schwieriger. Jetzt darf der passive Gegenspieler aktiv eingreifen. Nachdem der Außenstürmer an ihm vorbeigelaufen ist, dreht er sich blitzschnell, läuft diesem nach, und versucht ihn an der Flanke zu hindern.

- Bei dieser Variante ist die Übung etwas statischer. Hierbei ist der Passgeber immer dieselbe Person. Die Außenstürmer und Flankengeber wechseln immer ab. Die beiden Stürmer zentral warten immer wieder auf die Flanke, wie auch der Verteidiger und der Torwart. Alles andere bleibt identisch.

Kategorie 1, 2 und 3

Torschussübungen der höchsten Stufe innerhalb der Kategorie 3 (frühestens einsetzbar ab A-Jugend Bundesliga bzw. hier ab etwa Landesliga Senioren)

- Die vorhergehende Übung wird wiederholt, allerdings erfolgt die Flanke nun wiederum auf den Stürmer im Zentrum, der allerdings nur den Torwart vor sich hat.
Der Stürmer soll nun aber auf einen festen Mitspieler zurückpassen, der etwas vor dem Strafraum lauert (ohne Gegenspieler). Dieser hat nun die Aufgabe möglichst mit einem Direktschuss abzuschließen.

- In der nächsten Übung wird der Schwierigkeitsgrad weiter erhöht. Jetzt bekommt der Stürmer im Strafraum wieder einen Verteidiger zugesprochen, der aktiv den Rückpass auf den Mitspieler des Stürmers verhindern soll.

Merke zur Wiederholung: Die einzelnen Entfernungen, die wir zu den Übungen angeben, beziehen sich ab jetzt immer auf den Seniorenbereich, und sind den jugendlichen Altersklassen entsprechend anzupassen.

Die folgenden Übungen starten wieder mit der Kategorie 1.

Kategorie 1, 2 und 3

Torschuss spezial

Im abgesteckten Spielfeld spielen zwei Spieler 1 gegen 1. Ein neutraler Spieler fungiert als Anspielstation. Hinter jedem Tor wartet ein weiterer Spieler, der dann mit seinem Partner nach einer bestimmten Zeit oder nach Torerfolg die Rollen tauscht. Ziel der Übung ist der schnelle Torabschluss. D.h. Doppelpass oder Finte und Torabschluss. Erfolgt kein schneller Torabschluss, wird die Aktion abgebrochen und die nächsten Spieler sind an der Reihe.

Es wird immer im Wechsel angegriffen. Jeder Spieler greift einmal an, und verteidigt danach sofort.

Der Torabschluss sollte hier flach ins Eck erfolgen.

Um die Motivation hoch zu halten, sollte die Übung als Wettkampf ausgetragen werden. So ist auch gewährleistet, dass die Abwehrspieler ihr Bestes beim Verteidigen geben und wir so Wettkampfbedingungen erhalten.

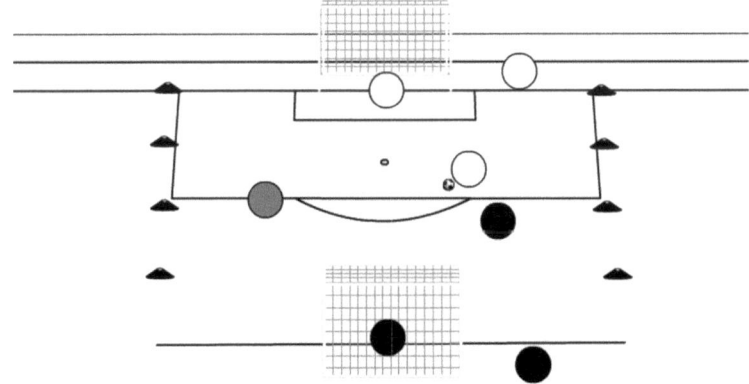

41

Torschuss 2

Der Anspieler (schwarz) mit Ball dribbelt in Richtung gegnerisches Tor und versucht, seinen Mitspieler (Stürmer) in Szene zu setzen. Der Stürmer versucht einen Torschuss oder legt wieder auf den Anspieler ab, der jetzt aufs Tor schießen muss. Nach der Aktion holt der Anspieler den Ball und stellt sich wieder an seine Startposition. Der Stürmer wechselt die Position mit seinem Mitspieler, der neben dem gegnerischen Tor steht. Jetzt startet der weiße Spieler mit Ball auf das andere Tor usw. Alle Positionen sollten nach einiger Zeit gewechselt werden. Erfolgt kein schneller Torabschluss, wird die Aktion abgebrochen und die nächsten Spieler sind an der Reihe. Der Torabschluss sollte hier flach ins Eck erfolgen.

Auch hier gilt:
Wettkampfcharackter der Übung steigert die Motivation.

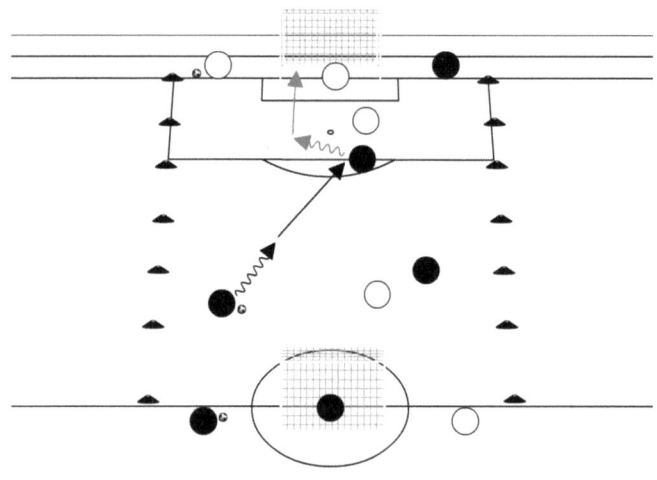

Kategorie 1, 2 und 3

Torschussübung der Kategorie 2

Übungsaufbau: Eine Zweikampfzone mit 4 Hütchen abstecken (siehe Grafik). 2 Gruppen bilden (Stürmer und Verteidiger). Der mittlere Stürmer mit Ball.

Übungsablauf:

- Der zentrale Stürmer im Viereck versucht sich vom Verteidiger zu lösen, um einen Passweg innerhalb des Vierecks zu schaffen (der erste Pass an den zentralen Stürmer muss innerhalb des Vierecks angenommen werden!!!).

- Der Mitspieler mit Ball spielt den Pass zum zentralen Stürmer oder zu den Außenstürmern.

- Bedient er einen Außenstürmer, so kann er das Viereck verlassen und die Flanke verwerten.

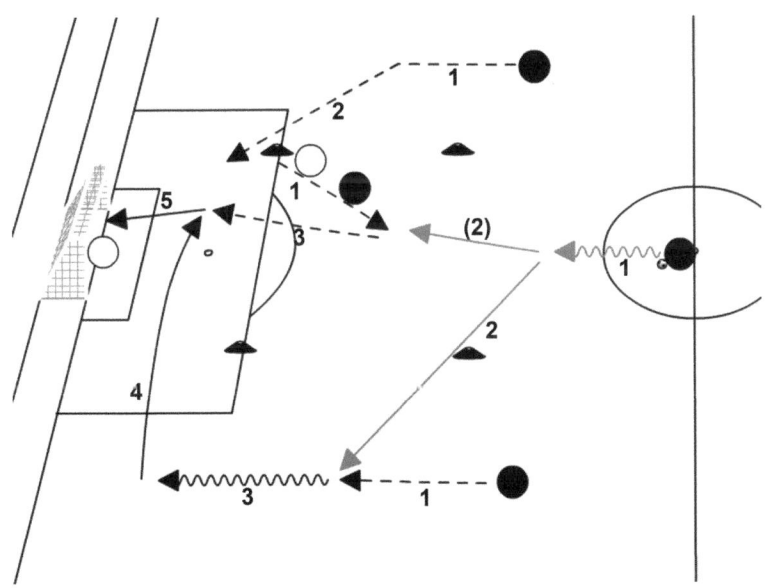

43

Kategorie 1, 2 und 3

Übungen zum „aktiven" Passen und Flanken der Kategorie 2

Flügelspiel mit Torabschluss

Übungsaufbau: Eine Gruppe mit Ball (schwarz) auf Höhe der Mittellinie, ein Hütchentor ca. 20m entfernt aufstellen, dieses Tor wird von Weiß verteidigt, 2 weitere Gruppen ca. 20m vor dem Tor, Schwarz (Stürmer), Weiß (Verteidiger)
Übungsablauf: Der erste Spieler mit Ball dribbelt auf das Hütchentor zu und versucht, den entgegenkommenden Verteidiger auszudribbeln, läuft weiter bis zur Grundlinie und flankt den Ball in den Strafraum. Der erste Stürmer läuft in den Strafraum und versucht ein Tor zu erzielen. Der erste Verteidiger versucht den Stürmer am Torschuss zu hindern. Hier sollten die Gruppen und Aufgaben öfter wechseln. Die Übung sollte auch von der linken Seite ausgeführt werden.

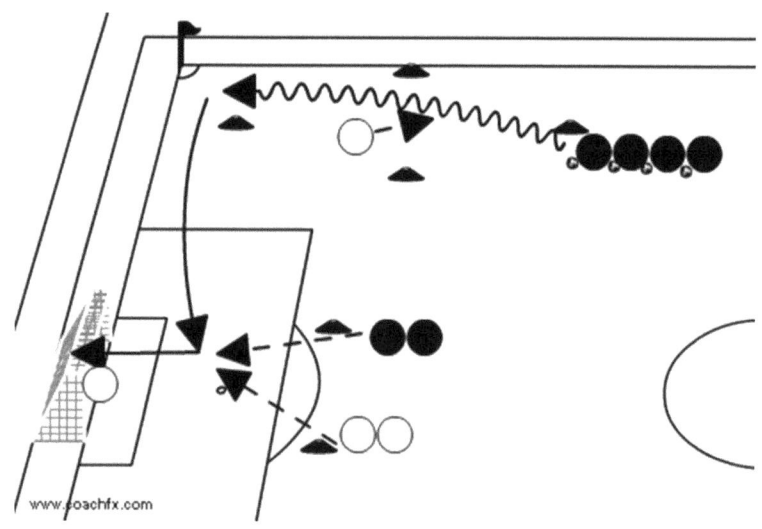

www.coachfx.com

44

 # Kategorie 1, 2 und 3

Angriff über das zentrale Mittelfeld der Kategorie 2

Hier hat der zentrale Mittelfeldspieler mehrere Möglichkeiten, seine Mitspieler einzusetzen. Diese Handlungsspielräume sollten den Spielern aufgezeigt werden. Die Verteidiger sind in dieser Übung voll aktiv. Wir schlagen hier die folgenden Übungen vor.

1. Der Steilpass mit Torabschluss der Stürmer

2. Den Pass nach außen mit Flanke und dann dem Torabschluss

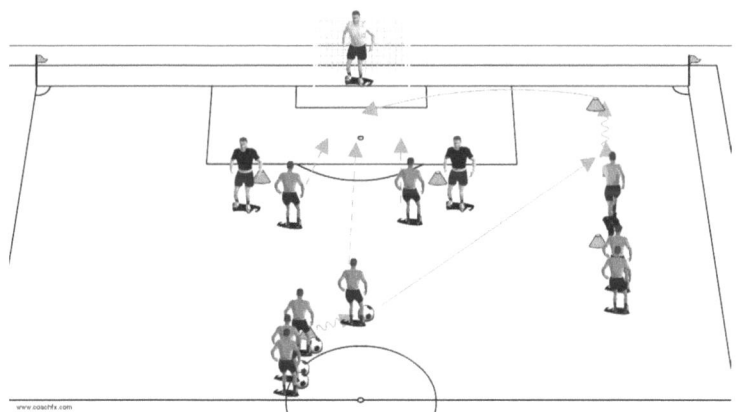

Weiter geht es mit der Kategorie 1. Ein Paar steht im Feld, die anderen warten an der Außenlinie. Der Anspieler bringt mit einem Einwurf den Angreifer ins Spiel, dieser versucht im Kampf „1 gegen 1" auf das große Tor abzuschließen. Erobert der Verteidiger den Ball, soll er diesen in ein „Hütchentor" befördern. Hierbei darf aber auch der Anspieler aktiv als Verteidiger eingreifen.

Nach Abschluss geht das nächste Paar ins Feld usw. Die Übung wird an zwei Stellen gleichzeitig trainiert oder in ein Training mit verschiedenen Stationen eingebaut.

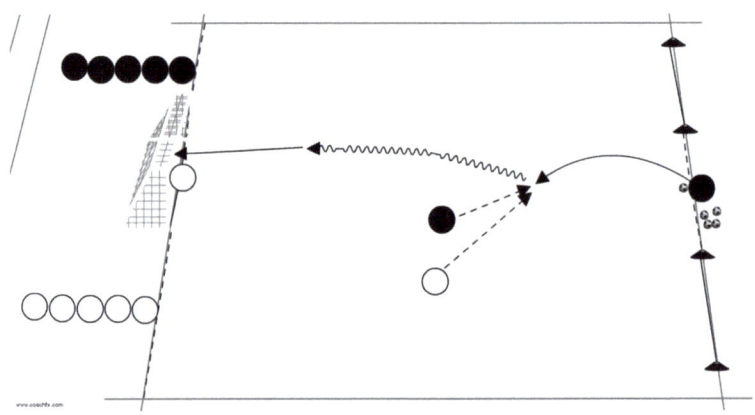

Kategorie 1, 2 und 3

Diverse Übungen der Kategorie 2

Übungsaufbau: (siehe auch Skizze auf der nächsten Seite)
- Ein Hütchen im Bereich des Mittelfeldkreises positionieren.
- An dem Hütchen positionieren sich 3-5 Spieler hintereinander mit Ball.
- 1 Hütchen an der Seitenlinie, ca. 20 Meter von der Mittellinie entfernt.
- An dem Hütchen 3-5 Stürmer und Abwehrspieler hintereinander positionieren.
- 1 Torwart

Übungsablauf:
- Der erste Spieler mit Ball dribbelt ein paar Meter Richtung Tor.
- Gleichzeitig startet der erste Stürmer und der erste Verteidiger Richtung Toraußenlinie.
- Der Stürmer vollzieht entweder einen **Richtungswechsel** oder erwartet einen **Steilpass**.
- Der Spieler mit Ball spielt entweder einen Steilpass oder einen Pass in den Lauf des Stürmers und sprintet durch in den Strafraum.
- Wurde ein Steilpass gespielt, so versucht der Stürmer zu flanken.
- Bei einem Richtungswechsel schließt er selber ab.
Mögliche Laufwege der Außenspieler ohne Ball beim Pass über das zentrale Mittelfeld.

Kategorie 1, 2 und 3

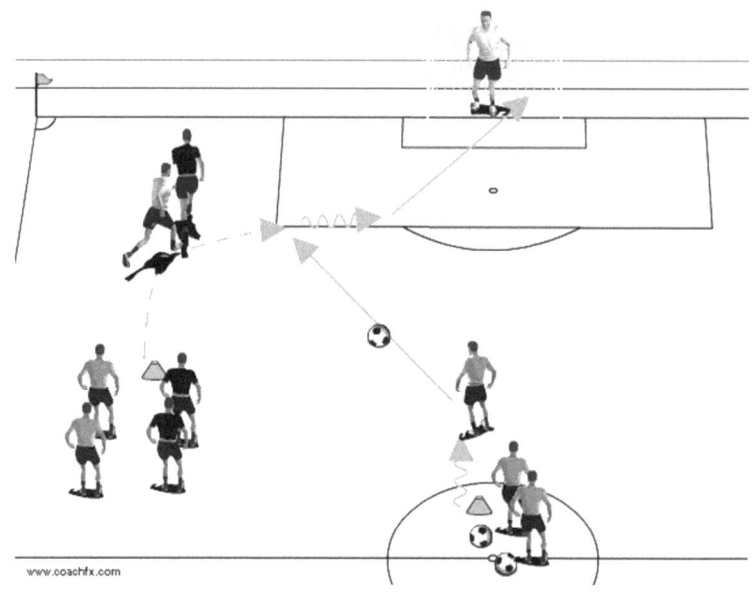

www.coachfx.com

Auch diese Übung sollte von beiden Seiten ausgeführt werden. Der Vorteil des Richtungswechsels liegt darin, dass der Stürmer sich nun zwischen dem Ball und dem Gegner befindet. Dadurch ist er leichter anspielbar, als bei einem Steilpass, bei dem er sich hinter dem Gegner befindet.

Übung 2

Nachdem einige Laufwege der Stürmer bei einem Angriff aus dem zentralen Mittelfeld aufgezeigt wurden, wird hier der Angriff über das dezentrale Mittelfeld (über Außen) behandelt.Wir nehmen hier folgende Ausgangssituation an:
Ein Mittelfeldspieler führt den Ball entlang der Seitenlinie in die gegnerische Spielfeldhälfte. Es befinden sich drei

48

Kategorie 1, 2 und 3

Abwehrspieler und 2 Stürmer in der gegnerischen Hälfte. Wir behandeln hier die möglichen Laufwege des ballnahen Stürmers. Alle möglichen Laufwege können mit einem einfachen Übungsaufbau trainiert werden (siehe Grafik). Auch diese Übung sollte von beiden Seiten ausgeführt werden.

Mögliche Laufwege des ballnahen Stürmers

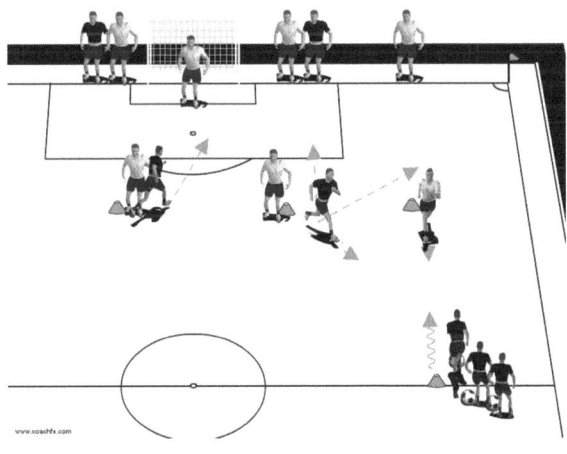

Kategorie 1, 2 und 3

Übung 3

Übungsaufbau:

- 3 Hütchen werden ca. 25 Meter vor dem Tor positioniert (siehe Grafik auf der nächsten Seite).
- An den beiden zentralen Hütchen stehen jeweils ein Verteidiger und ein Stürmer.
- An dem Außenhütchen steht ein weiterer Verteidiger.
- Die gleiche Spielerkombination steht nochmal an der Toraußenlinie.
- In Höhe der Mittellinie steht außen ein weiteres Hütchen hinter dem sich Spieler mit Ball stellen.

Übungsablauf:

- Der erste Spieler mit Ball startet ein Dribbling und erwartet eine Aktion des ballnahen Stürmers. Der Außenverteidiger läuft dem ballführenden Spieler entgegen.
- Folgende Aktionen des ballnahen Stürmers sollen hier einstudiert werden:

50

Kategorie 1, 2 und 3

1. Der ballnahe Stürmer kommt dem Mittelfeldspieler entgegen und spielt einen **Doppelpass** mit diesem. Der Mittelfeldspieler läuft bis zur Toraußenlinie und flankt den Ball in den Strafraum, in welchem der ballnahe Stürmer nach dem Doppelpass sprintet. Die Verteidiger sind bei dieser Übung vollaktiv. Im Anschluss tauschen die Spieler an der Toraußenlinie die jeweiligen 3 Positionen.

Kategorie 1, 2 und 3

Übung 4

2. Der erste Spieler mit Ball startet, wie bei 1. ein Dribbling und erwartet eine Aktion des ballnahen Stürmers. Der Außenverteidiger läuft dem ballführenden Spieler entgegen. Der ballnahe Stürmer bietet sich mit einem Sprint **an der Seitenaußenlinie** an und versucht, den Pass als Flanke zu verwerten. Der Mittelfeldspieler sprintet nach seinem Pass in den Strafraum und versucht die Flanke zu verwerten. Die Verteidiger sind bei dieser Übung vollaktiv.

Im Anschluss tauschen die Spieler an der Torußenlinie die jeweiligen 3 Positionen.

Übung 5

3. Der erste Spieler mit Ball startet (wie bei 1.) ein Dribbling und erwartet eine Aktion des ballnahen Stürmers. Der Außenverteidiger läuft dem ballführenden Spieler entgegen. Der ballnahe Stürmer sprintet in den Strafraum und erwartet einen Steilpass des ballführenden Spielers. Dieser sprintet nach dem Abspiel in den Strafraum, und versucht, den Pass des Stürmers zu verwerten. Die Verteidiger sind bei dieser Übung vollaktiv. Im Anschluss tauschen die Spieler an der Toraußenlinie die jeweiligen 3 Positionen.

Freistoßvarianten (Kategorie 2)

Hier gilt: Je mehr Spieler ich zur Verfügung habe, desto mehr Freistoßvarianten können trainiert werden. Der erste oder zweite Stammtorwart wird hier im Tor eingesetzt.

Wir behandeln hier Freistoßvarianten nahe dem Strafraum. Arbeiten mehrere Spieler zusammen, müssen alle Stationen „blind" funktionieren, d.h. niemand darf während der Durchführung schlafen oder seinen Einsatz verpassen.

Grundsätzlich gilt: Bei allen Freistößen haben die Stürmer die Aufgabe, dem Ball nachzulaufen, um eine evtl. Unsicherheit des Torhüters zum Torerfolg zu nutzen („Abstauber"). Dieses Stürmerverhalten sollte bei allen nachfolgenden Übungen integriert werden!

Im Folgenden werden 4 taktische Freistöße skizziert. Hier gibt es natürlich wesentlich mehr taktische Möglichkeiten. Der Kreativität der Spieler und des Trainers sind hier keine Grenzen gesetzt.

Aber trainieren Sie den Freistoß, hier können Spiele entschieden werden. Vor allem wenn ein hervorragender Schusstechniker in der Mannschaft ist,

1. Direkter oder indirekter Freistoß indirekt ausgeführt.
Um hier keinen Kunstschuss anzusetzen, wird die Mauer mit
einem Querpass ausgehebelt.

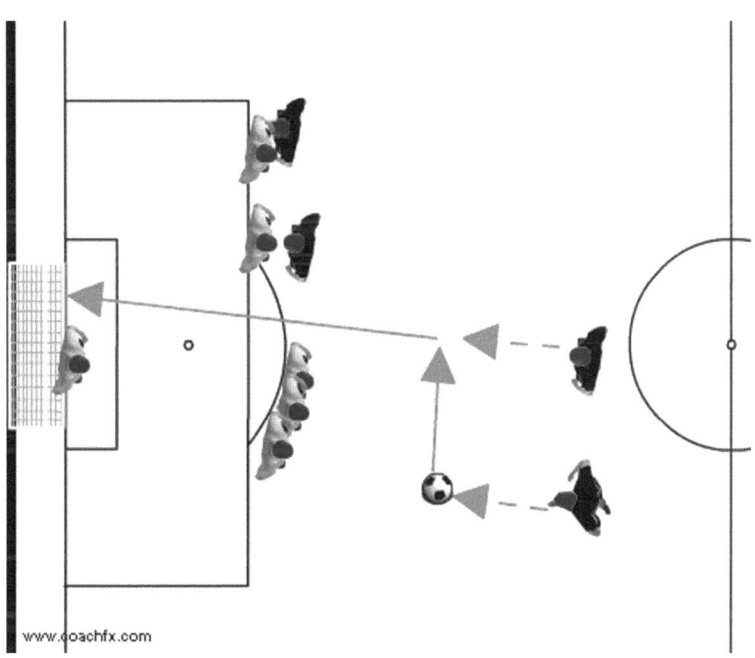

2. Ein in ungefährlicher Position stehender Mitspieler sprintet außen an der Mauer vorbei und wird flach angespielt. Er verwertet das Anspiel als Torschuss oder Flanke.

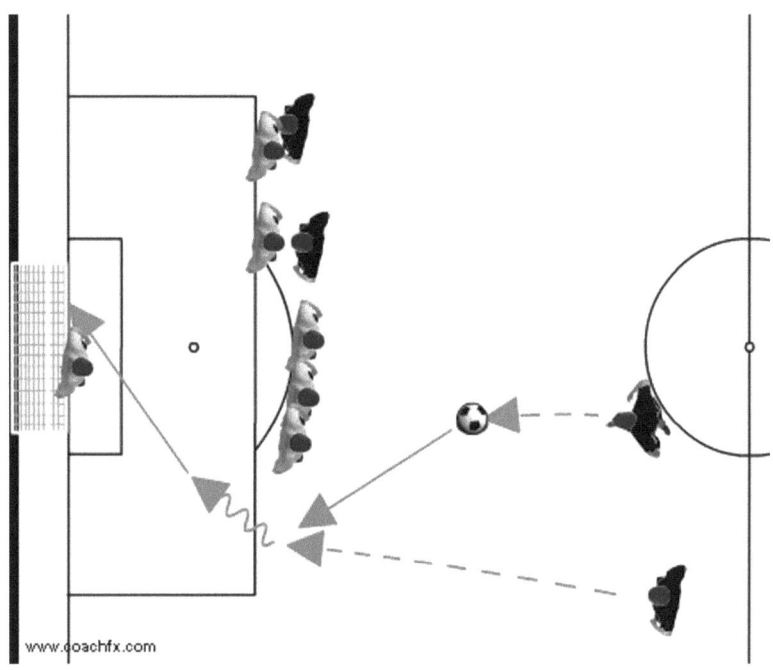

3. Ein Mitspieler stellt sich seitlich an das innere Ende der Mauer. Er hinterläuft die Mauer und verwertet den Steilpass als Torschuss oder als Flanke.

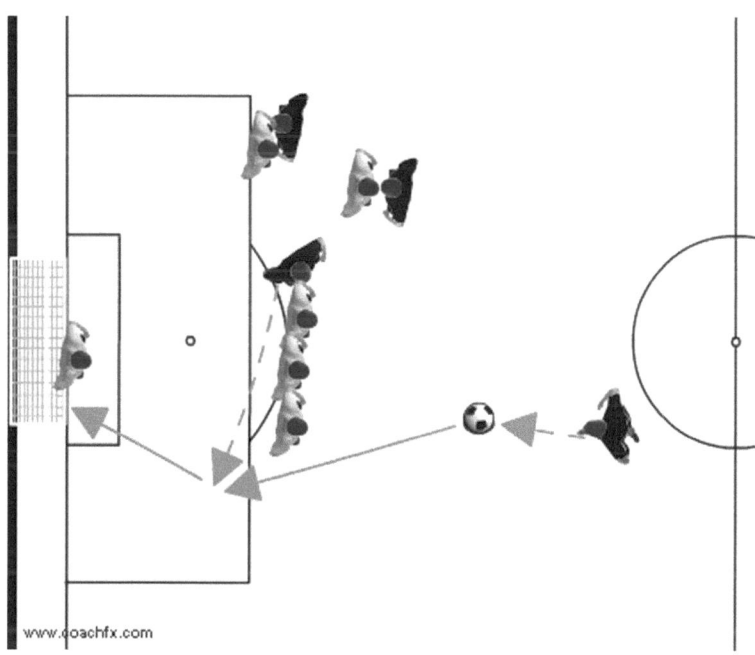

www.coachfx.com

4. Ein am Strafraum positionierter Mitspieler startet dem möglichen Anspiel entgegen und passt direkt weiter zu dem seitlich an der Mauer positionierten Mitspieler.

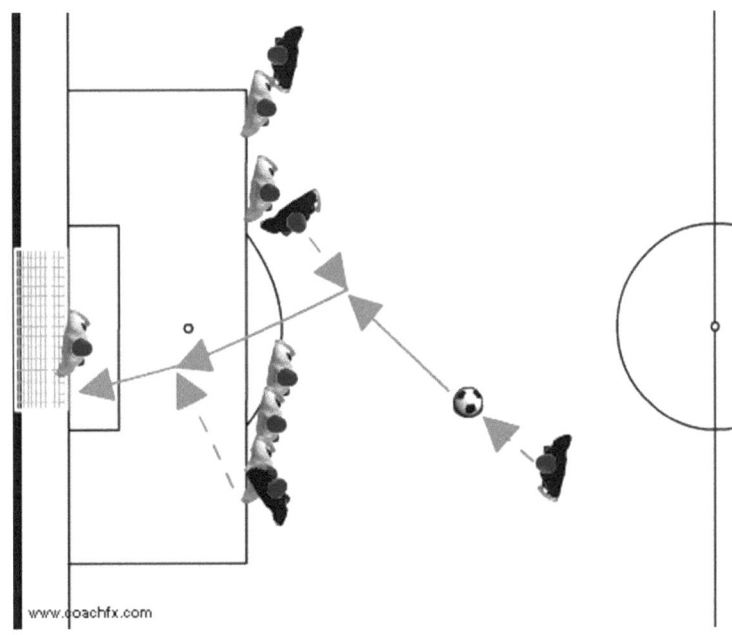

www.coachfx.com

Kategorie 1, 2 und 3

5. Natürlich trainieren wir auch den direkten Freistoß mit einer direkten Ausführung. Hier wird die geringste Anzahl von Spielern benötigt, eine mindestens Zwei-Mann-Mauer, einen Torwart und einen Schützen.

Freistöße der Kategorie 3

Die Freistöße der Kategorie 3 können nur trainiert werden, wenn ein Schütze in der Mannschaft ist, der über eine enorme Schusskraft und Schussgenauigkeit verfügt. Trainieren Sie mit diesem Spieler Freistöße aus großer Entfernung, die direkte Verwandlung von Eckstößen oder Kunststößen über die Mauer (hier reicht auch ein Schütze mit perfekter Schusstechnik aus, der nicht die größte Schusskraft besitzt).

 # Literaturverzeichnis

Claßen, M. / Schnepper, W.:
Taktiktraining im Jugendfußball, BOD, 2011

Claßen, M. / Schnepper, W.:
Taktiktraining im Jugendfußball 2, BOD, 2012

Claßen, M. / Schnepper, W.:
Pressing mit System, BOD, 2012Claßen, M. / Schnepper, W.:

Schnepper, W. / Claßen, M.
E-Jugend / D-Jugendtraining: effektive Übungen,
BOD, 2014

Schnepper, W. / Claßen, M.
D-Jugend / C-Jugendtraining:
30 komplette Trainingseinheiten,
BOD, 2016

Schnepper, W. / Claßen, M.
D-Jugend / C-Jugend:
über 100 effektive Trainingsübungen
BOD, 2017